BEI GRIN MACHT SICH IHR WISSEN BEZAHLT

Torsten Hauschild

Unterrichtsstunde: Entity-Relationship-Modell für das Reisebüro Odyssee Tours GmbH

GRIN Verlag

Bibliografische Information der Deutschen Nationalbibliothek:

Die Deutsche Bibliothek verzeichnet diese Publikation in der Deutschen National-
bibliografie; detaillierte bibliografische Daten sind im Internet über http://dnb.d-
nb.de/ abrufbar.

Impressum:

Copyright © 2004 GRIN Verlag GmbH
Druck und Bindung: Books on Demand GmbH, Norderstedt Germany
ISBN: 978-3-638-93633-0

Dieses Buch bei GRIN:

http://www.grin.com/de/e-book/38137/unterrichtsstunde-entity-relationship-modell-
fuer-das-reisebuero-odyssee

GRIN - Your knowledge has value

Der GRIN Verlag publiziert seit 1998 wissenschaftliche Arbeiten von Studenten, Hochschullehrern und anderen Akademikern als eBook und gedrucktes Buch. Die Verlagswebsite www.grin.com ist die ideale Plattform zur Veröffentlichung von Hausarbeiten, Abschlussarbeiten, wissenschaftlichen Aufsätzen, Dissertationen und Fachbüchern.

Besuchen Sie uns im Internet:

http://www.grin.com/

http://www.facebook.com/grincom

http://www.twitter.com/grin_com

Studienseminar Hannover
für das Lehramt an berufsbildenden Schulen

Entwurf zum ersten besonderen Unterrichtsbesuch im Fach Informatik

Fach: Informatik

Klasse: Einjährige Berufsfachschule Informatik (BFI 1)

Wahlpflichtkurs: Relationale Datenbanksysteme entwerfen, realisieren und nutzen

Unterrichtseinheit: Projekt Reisebüro

Thema der Stunde:

Entity-Relationship-Modell für das Reisebüro Odyssee Tours GmbH

Datum: 24.11.2004

1. Beschreibung und Analyse des Bedingungsfeldes

1.1 Daten und Analyse der Kompetenzen der Klassen- und Schüler- und Lehrersituation

Bei der Klasse BFI 1 handelt es sich um eine Klasse mit 23 Lernenden (22 Schüler und 1 Schülerin). Sie sind zwischen 16 und 18 Jahren alt. 15 Lernende haben den Sekundarschulabschluss I. 8 Schüler besitzen den erweiterten Sekundarschulabschluss I.

Die **Fachkompetenz** der Lernenden ist mittelmäßig. Im Umgang mit Informationstexten haben viele Schülerinnen und Schüler Schwächen. Praktisches Arbeiten am Rechner liegt den Lernenden mehr. Christoph ist der herausragende Schüler. Die Leistungsfähigkeit der Lernenden ist insgesamt sehr unterschiedlich. Durch nachlässiges Arbeiten passieren vielen Lernenden häufig Flüchtigkeitsfehler.

Nicht ausreichend ist die **Methodenkompetenz** der Klasse. Das Arbeitsverhalten ist zu wenig diszipliniert. Die Lernenden lesen sehr ungern, so dass Hilfen, Informationstexte und Anleitungen zu wenig genutzt werden. Probleme werden von den Lernenden nicht immer systematisch angegangen. Allerdings kommen manche Lernende bei praktischen Aufgabenstellungen durch intuitives Ausprobieren zu richtigen Lösungen.

Die **Sozialkompetenz** der Klasse ist verbesserungswürdig. Die Umgangsformen innerhalb der Klasse lassen zu wünschen übrig. Manche Lernende setzen sich gegenseitig durch Sprüche herab. Ebenso ist die wechselseitige Hilfsbereitschaft bei Problemen zu gering.

Meine persönlichen Kenntnisse des Entity-Relationship-Diagramm entstammen dem Studium. Mein Verhältnis zu der Klasse ist gut, obwohl mich der Unterricht aufgrund der geringen Sozialkompetenz der Klasse stark anstrengt.

1.2 Institutionelle Rahmenbedingungen

Beim Unterrichtsraum 316 handelt es sich nicht um einen EDV-Raum (in diesem Raum hat die Klasse sonst Englisch). Bei dem Thema Entity-Relationship-Diagramm ist dies auch nicht notwendig. Der Raum verfügt aber über eine Tafel.

2. Didaktisch-methodische Begründung

2.1 Analyse der curricularen Vorgaben

Grundlage für die Planung der Unterrichtseinheit ist die Rahmenrichtlinie für die einjährige Berufsfachschule - Informatik - für Realschulabsolventinnen und Realschulabsolventen (Stand: März 2003). Für den Wahlpflichtkurs „Relationale Datenbanksysteme entwerfen, realisieren und nutzen" sind hier 80 Unterrichtsstunden vorgesehen. Der Hauptschwerpunkt dieses Wahlpflichtkurses (den die BFI-Lernenden der Friedrich-List-Schule belegen müssen) liegt bei relationalen Datenbanken unter Access. In den Rahmenrichtlinien heißt es „Die Schülerinnen und Schüler erläutern die Architektur eines Datenbanksystems. Sie modellieren, entwickeln und dokumentieren ein Datenbanksystem geringer Komplexität." Als Lerninhalt ist ein Entity-Relationship-Modell vorgesehen.

Laut dem schulischen Lehrplan sollen die Lernenden „mit Hilfe des ERM aus Geschäftsprozessen ein Datenbanksystem entwerfen und realisieren". Auch hier ist als Lerninhalt ein Entity-Relationship-Modell vorgesehen.

2.2. Beschreibung und Analyse der Thematik

Die Stunde „Entity-Relationship-Modell für das Reisebüro Odyssee Tours GmbH" ist dem Projekt Reisebüro zugeordnet. In diesem Projekt entwickeln die Lernenden anhand einer Kundenanfrage des Reisebüros Odyssee Tours GmbH eine relationale Datenbank zur Abwicklung von Reisebuchungen. Das Projekt beinhaltet sämtliche Phasen eines Datenbankentwicklungsprozesses und ist eng an die Vorgehensweise in der betrieblichen Praxis eines Softwareunternehmens angelehnt. Zu diesem Datenbankentwicklungsprozess gehört auch die Modellierung der Datenbank für das Reisebüro. Als Modell hierfür dient das Entity-Relationship-Modell. Entitäten werden im ERM als eindeutig identifizierbare Objekte der realen Welt (z.B. Datensatz, Objekt oder Zeile einer Tabelle) abgebildet. Beziehungen sind die Zusammenhänge zwischen den Entitäten. Man unterscheidet einfache Beziehungen (1 zu 1), konditionelle Beziehungen (1 zu n) und komplexe Beziehungen (n zu m).

2.3 Einordnung der Thematik in die Unterrichtseinheit

Die Unterrichtseinheit „Entity-Relationship-Modell für das Reisebüro Odyssee Tours GmbH" ist der fachlichen Konzeption des Datenbanksystems des Projektes Reisebüro zugeordnet. Vorher wurden die Planung und die Kalkulation des Datenbanksystems behandelt. Nachfolgend werden die DV-technische Konzeption, die Realisierung und das Prototyping des Datenbanksystems behandelt.

2.4 Struktur und Auswahl der Lerninhalte

Das Entity-Relationship-Modell gehört seit den siebziger Jahren zu den Standardmodellen und obligatorischen Lerninhalten der Informatik. Neuere Modelle, wie das relationale Datenmodell oder die Objektorientierte Datenmodellierung bauen auf dem ERM auf. Der Gegenwartsbezug der ausgewählten Lerninhalte ergibt sich aus der Notwendigkeit der Datenmodellierung mit dem Entity-Relationship-Diagramm für den weiteren Verlauf des Projektes Reisebüro. Die gesamte Konzeption der Datenbank für das Reisebüro Odyssee Tours GmbH basiert auf dem Inhalt dieser Lerneinheit.

Durch den Praxisbezug der Lerneinheit ergibt sich auch ein Zukunftsbezug. Denn Lernende die in Zukunft in der Datenbankentwicklung arbeiten werden, können die erlernten Inhalte direkt in der Praxis anwenden. Sie können beispielsweise die Datenmodellierung mit einem Datenbankdesigner leichter und schneller durchführen. Sie werden außerdem mit dem ERM verwandte Modelle der Datenmodellierung zügiger verstehen.

2.5 Methodische Grundüberlegungen

Mit dem IT-Projekt Reisebüro kann der Unterricht ganzheitlich, handlungsorientiert und schülerorientiert durchgeführt werden. In der geplanten Lerneinheit werden die Lernenden mit dem konkreten Problem der Datenmodellierung für die Datenbank für das Reisebüro Odyssee Tours konfrontiert. Ohne Praxiserfahrung mit dem Entity-Relationship-Modell müssen sie in Gruppenarbeit mit Hilfe eines Informationstextes ein solches erarbeiten. Der Arbeitsauftrag enthält eine Hinführung zur Problemlösung. Letztere ist wegen der Schwierigkeit der Aufgabe an der BFI notwendig, da die Lernenden sonst mit dem abstrakten Problem überfordert wären. Die Vorgehensweise eröffnet den Lernenden die Möglichkeit am konkreten Problem das Konzept des Entity-Relationship-Modell zu erlernen. Die Aktionsform der Gruppenarbeit halte ich in dieser Lerneinheit für angemessen um auch schwächeren Lernenden ein Erfolgserlebnis zu verschaffen und um die Sozialkompetenz der Schülerinnen und Schüler zu fördern. Auch die zukünftige Arbeit der Lernenden im Betrieb wird häufig Teamarbeit sein.

2.6 Lernziele und Handlungskompetenzen

Stundenlernziel:

Die Lernenden sollen ein Entity-Relationship-Modell erarbeiten.

Fachkompetenzen:

Die Lernenden sollen...

> ➤ anhand des Entity-Relationship-Modell für das Reisebüro Odyssee Tours den Begriff der Entität verstehen. (FK 1)
> ➤ Beziehungen zwischen den Entitäten Veranstalter, Reise, Hotel und Zielgebiet darstellen. (FK 2)
> ➤ den Aufbau und die Systematik der Datenbank des Reisebüros Odyssee Tours erfassen. (FK 3)

Methodenkompetenzen:

Die Lernenden sollen...

> ➤ sich in die Mitarbeiter der Softwarefirma S-BBS GmbH ein denken. (MK 1)
> ➤ die Komplexität der Datenbank des Reisebüros Odyssee Tours anhand des ERM auf ein Modell reduzieren. (MK 2)

Sozialkompetenzen:

Die Lernenden sollen...

> ➤ ihre Teamfähigkeit durch Gruppenarbeit zur Erarbeitung des ERM verbessern. (SK 1)
> ➤ durch gegenseitige Unterstützung bei der Erarbeitung des ERM Hilfsbereitschaft praktizieren. (SK 2)

2.7 IT-Systeme und Medien

Als Hilfe zur Erarbeitung erhalten die Lernenden ein Informations- und ein Arbeitsblatt. Diese dienen zur Visualisierung der Aufgabenstellung und der fachlichen Grundlagen für ein Entity-Relationship-Diagramm. Auch können sie von den Lernenden mit nach Hause genommen werden. Anhand der Materialien besteht für sie außerdem die Möglichkeit den Stoff später zu wiederholen.

Mit Hilfe der Tafel können die Lernenden ihre Arbeitsergebnisse in der Präsentationsphase visulisieren. Da keine geeignete Software zur Erstellung von Entity-Relationship-Diagrammen an der Schule vorhanden ist, scheidet der Beamer als Präsentationsmedium aus.

3. Geplanter Verlauf der Unterrichtseinheit

Datum	Min.	Unterrichtsinhalte
16.11.04	90	Erstellung eines Zeitplans für die Entwicklung eines Prototypen
23.11.04	90	Erstellung eines Mitarbeitereinsatzplans
24.11.04	45	Entity-Relationship-Modell

4. Geplanter Verlauf der Unterrichtsstunde

Zeitver-lauf (Min.)	Phasen des Unterrichts	Lernziel	Geplante Aktionen des Lehr- und Lernhandelns	Verwendete Medien
0-10	Einführung		o Lehrer gibt einen Überblick über den Stundenverlauf o Lehrer verteilt Arbeitsblatt und Informationsblatt	Arbeitsblatt, Informationsblatt
	Problemanalyse und –planung der Lösung		o Lernende lesen Ausgangs-situation vor o Lehrer-Schüler-Gespräch zur Klärung von Verständnisfragen	
11-30	Problemerarbeitung	FK 1, FK 2, FK 3, MK 1, MK 2, MK 3, SK 1, SK 2	o Lernende erarbeiten ERM in Gruppenarbeit o Lehrer gibt den Lernenden Hilfestellung in dem er Fragen beantwortet	Arbeitsblatt, Informationsblatt
31-45	Besprechung & Ergebnissicherung	FK 1, FK 2, FK 3, MK 1, MK 2	o Schülerinnen und Schüler führen ihre erarbeiteten Ergebnisse vor o Lernende ergänzen ihre Lösung o Lehrer unterstützt Lernende o Lehrer stellt Hausaufgabe	Tafel, Arbeitsblatt

5. Quellenverzeichnis

1. **Schumann/Schüle/Schumann:** Entwicklung von Anwendungssystemen – Grundzüge eines werkzeuggestützten Vorgehens, Heidelberg 1994.

2. Materialien für den Unterricht in den Fächern Kerngebiete der Informatik und Anwendungsgebiete der Informatik in der Einjährigen Berufsfachschule Informatik

6. Anlagen

Aufgabenblatt, Informationsblatt

Entwurf eines Entity-Relationship-Diagrammes für das Reisebüro Odyssee Tours

---

☞ Ausgangssituation:

Als Mitarbeiter der S-BBS GmbH sollen sie nun Vorüberlegungen zum Aufbau der Datenbank treffen. Ihr Vorgesetzter Herr Gündler beauftragt Sie daher die Datenbank für das Reisebüro Odyssee Tours GmbH zu modellieren.

✐ Arbeitsauftrag:

Erstellen Sie in Gruppenarbeit unter zu Hilfename des Informationsblattes ein Entity-Relationship-Modell. Das ERM sollte die Entitäten Veranstalter, Reise, Hotel und Zielgebiet enthalten.

Hinweise:

- Mehrere Veranstalter organisieren mehrere Reisen
- Mehrere Veranstalter bieten viele Hotels an
- Viele Hotels liegen in einem Zielgebiet
- Mehrere Reisen fliegen in mehrere Zielgebiete

Entity-Relationship-Modell

(ER-Modell): Graphische Darstellung

Ausgangspunkt des ER-Modells ist der Begriff der Entität. Eine Entität ist ein individuelles und identifizierbares Exemplar von Dingen, Personen oder Begriffen der realen oder der Vorstellungswelt. Die Entität wird durch Attribute näher beschrieben.

Die Entitätsmenge (auch Entitytyp genannt) wird im ER-Modells durch ein Rechteck dargestellt. In dem Rechteck steht der Name der Entität. Der Name beschreibt die Entitätsmenge und steht im Singular.

Die Wechselwirkungen und Abhängigkeiten zwischen Entitäten werden durch Beziehungen (engl. relationship) dargestellt. Die Zusammenfassung gleichartiger Beziehungen zwischen Entitäten erfolgt durch Beziehungsmengen.

Eine Beziehung wird nach Chen graphisch durch eine Raute dargestellt. In ihr steht der Name der Beziehung. Als Name sollte ein Verb gewählt werden. Die Diagramme werden von oben nach unten beziehungsweise von links nach rechts gelesen.

Die Beziehung wird durch eine Verbindungslinie, zwischen der die Raute steht, dargestellt.

Entity-Relationship Modell (ER-Modell): Begriffsbestimmungen

Entitätstyp – Entität

Die Entität (Entity) ist das konkrete, individuell identifizierbare Objekt bzw. Exemplar von Dingen, Personen oder Begriffen der realen oder der Vorstellungswelt, für das auf einem Datenträger Sachverhalte festzuhalten sind.

Beispiele:
- Individuen: Mitarbeiterin Brech, Schüler Weber, Kunde Wiedemer
- Reales Objekt: Maschine 2, Raum 7, Artikel 4711....
- Ereignis: Zahlung, Buchung, Mahnung, Start, Landung.....
- Abstraktes: Unterricht, Dienstleistung, Verarbeitungsart, Zahlungsart....

Die Entität ist Mitglied einer Gruppe (Klasse), dem **Entitätstyp**.
Der Kunde Müller ist ein konkretes individuell identifizierbares Objekt, über den Informationen abgespeichert werden müssen. Er gehört zur Gruppe der Kunden. Man kann auch sagen, er ist vom Entitätstyp Kunden. Alle Informationen, die über Kunden abgespeichert werden, sind von der Struktur her gleich.

Attribut

Attribute beschreiben die Entitäten. Beispiel: Kunde(KdNr, KName, KAdresse,......)

Man unterscheidet zwischen
- identifizierenden Attributen (z.B.: KdNr, FirmenNr, PersNr....)
- beschreibenden Attributen (z.B.: KName, MitarbeiterName, ArtikelBez, ...)

Beziehungstyp - konkrete Beziehung

Zwischen den Entitätstypen Firma und AZUBI besteht ein Beziehungstyp „ist beschäftigt bei". Wenn es einen solchen Beziehungstyp gibt, so kann (muss) eine konkrete Beziehung zwischen einem Paar der dazu gehörenden Entitäten bestehen:

Man liest: AZUBI ist beschäftigt bei Firma bzw. Firma beschäftigt AZUBI.

Die verschiedenen und für die Praxis relevanten Beziehungstypen sind auf den folgenden Seiten dargestellt.

ER-Modell: Kardinalitäten zweistelliger Beziehungen

Die 1:1 Beziehung

Zwischen zwei Objekten A und B besteht eine **1:1 Beziehung**, wenn folgendes gilt: Zu jedem Objekt von A gibt es genau ein

Objekt von B und umgekehrt.

Die 1:M Beziehung

Zwischen zwei Objekttypen A und B besteht eine 1:M Beziehung, wenn folgendes gilt: Zu einem Objekt von A (Vater) gibt es ein oder mehrere Objekte von B (Kind). Umgekehrt gibt es zu jedem Objekt von B nur ein Objekt von A.

Die M:N Beziehung

Zwischen zwei Objekten A und B besteht eine M:N Beziehung, wenn folgendes gilt: Zu jedem Objekt von A gibt es ein oder mehrere Objekte von B und umgekehrt. Ein Schüler muss mehrere Kurse belegen. Umgekehrt müssen immer mehrere Schüler in einem Kurs sein.